ОРФЕЙ і ЕВРІДІКА в НЬЮ-ЙОРКУ

Олена Боришполець

З української переклав
Олександр Фразе-Фразенко

Orpheus and Eurydice in New York

Olena Boryshpolets

Translated from the Ukrainian by
Oleksandr Frazé-Frazénko

Poets of Queens Press
New York, 2024

Designed and composed by Oleksandr Frazé-Frazénko.
Drawings and collage made by the author.

ISBN 979-8-9904733-0-0

ЗМІСТ

CONTENTS

Чи у вашому місті вистачає птахів
то кожного право не помічати їх
сліпий відчуває сонце над головою
без всіляких пташиних слів
яке ж воно ціле і куди ж вони сіли
ті кляті птахи
глухий помічає загублені речі й тіла
стіна тут була
і вона відпливе
навіщо ми подивились
на те реберце живе
то скільки птахів у місті живе?

11 лютого 2022

Does your city have enough birds
everyone has the right to ignore them.
A blind man feels the sun over his head
without any birds' words.
What is it all about and where have they landed?
those damn birds.
The deaf man notices lost things and bodies
there was a wall here
and it's gone.
Why did we look at
that living rib?
So how many birds live in the city?

February 11, 2022

Кролі мого брата

коли він порізав кролів
росіяни вже бомбили нас
ми чухали підвал у родичів
бо в нас немає підвалу
і мама сказала

не піду нікуди
ні в який чужий підвал

в той день коли стріляли
перших диверсантів на сусідній вулиці,
ми носили килими,
старі меблі, теплі речі для дітей
черга
черга
черга
Шо то таке? Запитав мене маленький Гліб

калаші, лупанула я
ааа
відповів маленький Гліб і поніс сміття з підвалу

тоді кролі ще були живі

і ми прикрашали підвал
якось відчайдушно

а мама сказала
ніякого підвалу
вона трималася тільки у нашому будинку без підвалу
у підвалі вона не трималася

певно це було
коли ми сиділи у підвалі
бо сирени гнали нас з дому
як маленьку налякану зграю

My brother's rabbits

When he slaughtered the rabbits
the Russians were already bombing us.
We were cleaning in the basement of our relatives
because we didn't have a basement.
And mom said,

I'm not going anywhere.
Not to anybody else's basement.

The day they shot
the first saboteurs in the neighborhood,
we carried carpets,
old furniture, warm clothes for the children
gunfire
gunfire
gunfire
What is this? little Hlib asked me.

AKs, I said.
Oh! answered little Hlib
and carried the garbage out of the basement.

The rabbits were still alive then

and we were decorating the basement
in a desperate way.

And mom said
no basement.
She only was holding up in our house without a basement.
She wouldn't hold up in the basement.

It must have been
when we were in the basement,
because the sirens were chasing us out of the house
like a scared little pack.

так, я думаю це було сам тоді,
коли ми все влаштували у підвалі як слід

він порізав кролів

всіх до останнього
в будинку, який будував сам
десять років

він постукав дружині
у вікно поліклініки
то був не вихідний день

Ти порізав кролів.

Тихо сказала вона.

Так, порізав. Всіх.

Вона бачила його у формі
колись дуже давно
ще до сина і доньки
до того як він один побудував їх дім

його син ніколи не їв кроляче м'ясо

він дуже, дуже любить кролів.

Yeah, I think it was right then,
when we got the basement all set up right.

He slaughtered the rabbits.

Every last one of them
in a house he was building himself
for the last ten years.

He knocked on his wife's
window in the clinic.
It was not a day off.

You cut the rabbits.

She said quietly.

Yes, I did. All of them.

She had seen him in his uniform
a long time ago
before they had a son and a daughter
before he built their house by himself.

His son has never eaten rabbit meat.

He really, really likes rabbits.

А коли пощастило з ворогом,
вони присіли на довгу дорогу,
взяли обличчя один одного в руки,
сказали вголос: я знаю хто я,

відрізнятися буду,
як любов від страху,
як страх від відчаю,
як відчай говорить смерті ім'я,
як вона дивиться на людину
і позіхає.

Відстань стане їх розрізати наживо,
на три, іноді на чотири сторони,
країни,
буде важко дихати, важко стояти,
важко розуміти, легко вбивати,
неможливо вірити
цими шматками без дому і без ціни.

Де їх навчили знати, — вони не знали,
проте знали, і не знати вони не могли:

що їхнє минуле складається у валізу,
яку не підняти жодному взагалі.

Відрізнятися буду,
як любов від страху,
як страх від відчаю,
як відчай говорить смерті ім'я,
як вона дивиться на людину
і позіхає:

як вам пощастило з ворогом,
він нічого про вас не знає.

2022

And when they were lucky enough to have an enemy,
they sat down for the long road,
took each other's faces in their hands,
and said aloud: I know who I am,

I will be different,
as love is different from fear,
as fear is different from despair,
how despair speaks the name of death,
how it looks at a man
and yawns.

Distance will cut them alive,
to three, sometimes to four sides,
countries,
it will be hard to breathe, hard to stand,
hard to understand, easy to kill,
impossible to believe
with these pieces without a home and without a price.

Where they were taught to know, they did not know,
but they knew, and they couldn't help knowing:

that their past could fit in a suitcase,
that no one could ever lift.

I will be different,
as love from fear,
as fear from despair,
how despair speaks the name of death,
how it looks at a man
and yawns:

How lucky you are to have an enemy,
that knows nothing about you.

2022

Не бачила кота півроку,
має надію:
він читає її пости у соціальних мережах.

Не бачила мами півроку,
має надію:
вона читає її пости у соціальних мережах.

Не бачила Одесу півроку,
має надію:
вона читає її пости у соціальних мережах.

Не бачила країни півроку,

вона

не бачила дім півроку,
не бачила сестер півроку,
не бачила друзів півроку,
не бачила брата півроку,
не бачила себе півроку.

Має надію.

2022

She hasn't seen her cat in six months,
she has hope:
he reads her posts on social media.

Has not seen her mother for six months,
but she has hope:
she reads her posts on social media.

Hasn't seen Odesa for six months,
but she has hope:
she reads her posts on social media.

She has not seen the country for six months,

she

hasn't seen her home for six months,
hasn't seen her sisters in six months,
hasn't seen her friends in six months,
hasn't seen her brother for six months,
hasn't seen herself for six months.

She has hope.

2022

Шість польських дівчат у потязі
навпроти мене,
куди я їду їм невідомо.
Вони, вважаю, їдуть додому.

Стукіт коліс підживлює їх,
не зупиняйся потяг,
я відчуваю сміх,
який не проходить,
він врізається в мої груди,
коліна, лікті, живіт,

шість польських дівчат у потязі
перетворюються на мій жіночий рід,
вони гортають стрічки телефонів,
тримають в руках шкільні проїзні.

Не рахувати ночі,
не рахувати і дні.

Одна з них каже,
що чоловік який заснув біля вікна смішний,
це моя бабця, в її волоссі рожевий бант.
Друга говорить, щоб слухали тільки її,
і це моя бабця,
вона знає, що каже, навіть якщо уві сні.
Третя тепла і втомлена, вона не любить потягів
взагалі, це моя мама,
я люблю тебе, третя,
і дивлюся:
четверта розмовляє з кимось, кого
ніхто не бачить, а він відповідає їй,
сестрі моїй, яка обіймає п'яту і шосту,
летить у вагоні ім'я,

шість польських дівчат у потязі,
наступна зупинка моя.

2022

Six Polish girls on a train
across from me,
they don't know where I'm going.
I think they are going home.

The sound of the wheels energizes them,
don't stop the train,
I can feel the laughter
that won't go away,
it crashes into my chest,
knees, elbows, my stomach,

the six Polish girls on the train
turn into my feminine family,
flipping through their cell phone scrolls,
holding their school passes.

Don't count the nights,
not even the days.

One of them says
that the man who fell asleep by the window is funny,
that's my grandmother, with a pink bow in her hair.
The other one says to listen only to her,
and that's my grandmother too,
and she knows what she's talking about, even in her sleep.
The third one is warm and tired, she doesn't like trains
at all, this is my mom,
I love you, third,
and I look:
the fourth one is talking to someone
no one can see, and he's answering her,
my sister, who hugs the fifth and the sixth,
and a name is flying around in the car.

Six Polish girls on a train,
the next stop is mine.

2022

Це не слова,
ми всі німі,
солоні, безумовні, степові,
морські, широкі і завжди вузькі,
повітряні, налякані, сміливі
під пам'яттю вляглися наче злива
і нелегальне щастя мирних снів

сполучення і напрямок:
відсутність днів усіх,
від лютого до іншої країни.
Ірпінь, Херсон, Попасна, Тарханкут,
всі імена дементори крадуть.
Сховати всіх.
Не промовляти влогос назви вулиць.

Ти повернулась?
Ти повернулась?

Живі собі залишились в собі,
стоїм, стовпи, не люди,
виноград можливо біля втікачів посадять,
хто ми тут, це таємниця.

В кімнаті два вікна,
я бачила кімнати геть без вікон,
там добре, коли бомби з неба
і там погано, коли бомб нема.
Це не слова,
здебільшого безсилля,
тріщина, провина, звістка-кістка

і щось своє,
петля із часу
відрізає місто
де всі свої,
де все було твоє.

2022

These are not words,
we are all mute,
salty, unconditional, we belong to the steppe,
we belong to the sea, wide and always narrow,
airy, frightened, brave
under the memory we lie like a downpour
and the illegal happiness of peaceful dreams.

Connection and direction:
the absence of days, all of them,
from February to another country.
Irpin, Kherson, Popasna, Tarkhankut,
all names stolen by dementors.
Hide everyone.
Do not say the names of the streets in public.

Are you back?
Are you back?

We're still alive,
standing, pillars, not people,
maybe they'll plant grapes near the fugitives,
who we are here is a mystery.

There are two windows in the room,
I've seen rooms with no windows at all,
it's good for when there are bombs in the sky
and bad when there are no bombs.
These are not words,
this is mostly powerlessness,
a crack, a guilt, a bone of news

and something of your own.
A time loop
cuts off the city
where everyone is yours,
where everything was yours.

2022

Мама казала: завтра війна закінчиться.
Це було тиждень тому.
Я кажу: не виходь з дому,
розповідай про втому,
про кота, який спить у тебе на животі,
про сім кущів малини,
про Богдана, який копає город,
про колодязь сусідів,
про воду, що вийшла з нього,
шукай мене.

Я нічого не вмію більше,
золота моя,
тільки слухати нашу безодню,
а втім, ще пісні
від яких зупиняється дихання,
зупиняється лютий,
зупиняється розум,
чуже повітря таке саме, як наше, мамо,
чужі люди заповнюють нас,
щоб ми могли бути і слухати.

Нам кажуть не повертатися в Україну
з Польщі,
з Америки,
з Норвегії,
з Британії,
з Португалії,
з Франції,
з Швеції,
з Чехії,
з Іспанії,
з Данії, особливо з Німеччини
не повертатися,

боже, який ти некрасивий,
ніколи не будемо ми цілуватися.

2022

My mom said: tomorrow the war will end.
That was a week ago.
I say: Don't leave the house,
tell me how tired you are,
tell me about the cat sleeping on your stomach,
about the seven raspberry bushes,
about Bohdan digging the garden,
about the neighbors' well,
and the water that came out of it,
look for me.

I know nothing else,
my dear,
but to listen to our abyss,
and yet, there are still songs
that take the breath away.
February stops,
the mind stops,
the foreign air is the same as ours, Mom,
strangers fill us up,
so that we can be and listen.

We are told not to return to Ukraine
from Poland,
from America,
from Norway,
from Britain,
from Portugal,
from France,
from Sweden,
from the Czech Republic,
from Spain,
from Denmark, especially from Germany
not to return.

God, you're ugly.
We'll never kiss.

2022

Українські діти по всьому світу
йдуть до шкіл,
живі українські діти,
мертві йдуть до могил.

У чужих країнах
сідає сонце на дитячу шкіру,
чужі птахи дзьобають їхню пам'ять і віру,
чужа мова стає теплою наче ковдра,
від якої залежить життя,
цієї зими, їм не випаде вороття,
бодай трохи спокійного сну,
хто перелететь наступну весну,
хто впаде і скаже:
залишаємось тут,
де птахи і сонце,
нехай клюють.
.

Жовте дерево
листям коріння вкрива,
якщо є на світі слова -
це чужі слова,

якщо є минуле,
то з нього тепер сама трава,
на траві живі діти,
під травою діти,
яких нема.

2022

Ukrainian children around the world
go to school,
living Ukrainian children—
the dead go to the graves.

In foreign countries
the sun sets on children's skin,
foreign birds peck at their memory and faith,
a foreign language becomes warm as a blanket,
on which life depends,
this winter, they will not go back,
let them sleep peacefully just for a while,
who will fly over the next spring,
who will fall down and say:
Let's stay here,
where the birds and the sun are,
let them peck.

The yellow tree
covers the roots with leaves.
If there are words in the world
they are foreign.

If there is a past,
it's only grass now,
children are alive on the grass,
children under the grass
are those who are gone.

2022

Бровко собака Фро

Є. Непиталюк

Ось я іду собі по мирній Польщі
і Балтикою безперечно пахне,
я звісно відчувати неспроможна,
та на піску, донька акторки Жені,
малює певні знаки подорожнім.

Вона б хотіла написати Київ
чи Боярка, там де її дитинство
уламками прошите від ракет,
безсмертні всі в дитячій голові:

і пес Бровко і подружка і бабця,
хоча Бровка вже звісно поховали,
а бабця йшла як Нео по будинку,
коли в будинок в Боярці стріляли,
безсмертні всі в дитячій голові:

теплиця, кицька, подружка Тетяна.

Я пам'ятаю тільки що танцюю
на пляжі бездоганному під Гданськом,
ще холодно і ми одні на пляжі,
це двадцять другий рік цього сторіччя
і Міхал з нами і до нас сміється,
а Фрося, що донька акторки Жені,
повільно пише на піску "Одеса".

2023

Brovko the dog Fro

E. Nepytalyuk

I'm walking along a peaceful Poland
and it smells like the Baltic.
I am certainly not able to feel it,
but on the sand, the daughter of the actress Zhenia
is drawing some signs for travelers.

She would like to write Kyiv
or Boyarka, where she spent her childhood
pierced by rocket shrapnel,
everyone is immortal in a child's head:

and Brovko the dog, and her friend, and her grandma,
although Brovko has been buried, of course,
and the grandmother was walking around the house like Neo,
when they shot at the house in Boyarka,
all immortal in a child's head:

the greenhouse, the cat, her friend Tetiana.

I remember just dancing
on a perfect beach near Gdańsk:
it's still cold and we're alone on the beach,
it's the twenty-second year of this century
and Michal is with us and laughing at us,
and Frosia, the daughter of the actress Zhenia,
is slowly writing "Odesa" in the sand.

2023

З берегів мене не видно,
я спливаю наче час,
де усі живі загиблим кажуть:
дочекайтесь нас.

Чорне море, чорні хмари,
чорним пахне від землі,
молодий Нептун білявий
обіймає кораблі.

2022

You can't see me from the shore,
I float away like time,
where all the living say to the dead:
wait for us.

Black sea, black clouds,
the earth smells black,
young blond Neptune
is embracing the ships.

2022

Орфей і Еврідіка в Нью Йорку

Коли назви вулиць це просто цифри, -
їх не будуть переіменовувати,
якщо зміниться влада країни,
мова країни, якщо піде важкий сніг.

Далеко звідси, там, де триває війна,
люди змінюють назви вулиць
на імена українських героїв,
які ніколи не будуть ходити по цих вулицях.

"Південна", "Морська", "Чумацький шлях",
набережна "Незалежності від сподіваннь",
вулиця "Свободи дії у повній темряві"...
Кажи правду, змінюй правила,
втручайся в історію,
залишайся живим,
не озирайся.

Джейд сказала, що не хоче дітей.
Я сказала, що не можу народити.
Він сказав, що він у порядку.

А потім Джейд запитала:
чи не страшно мені бути письменницею?

Мені не страшно.

На Бродвеї ми з ним бачили Орфея і Еврідіку,
Орфей озирнувся, і в цей момент я заплющила очі.
Дурнику, ти більше ніколи її не побачиш.
Та він і сам це знав, всі це знають.
І ми пішли далі,
не тому що хотіли, а тому,
що не могли цим двом нічим зарадити.

Orpheus and Eurydice in New York

When street names are just numbers
they won't be renamed,
if the country's government changes,
or the language of the country or if it snows heavily.

Far away from here, where the war is going on,
people are changing the names of streets
to the names of Ukrainian heroes
who will never walk these streets.

South St., Sea St., Milky Way St.,
Independence from Hopes Beach,
Freedom of Action in Complete Darkness St....
Tell the truth, change the rules,
interfere with history,
stay alive,
don't look back.

Jade said she didn't want children.
I said I couldn't give birth.
He said he was fine.

And then Jade asked me
if I am scared of being a writer.

I am not afraid.

On Broadway, he and I saw Orpheus and Eurydice,
Orpheus looked back, and at that moment I closed my eyes.
You're never going to see her again, you fool.
But he knew it, everyone knows it.
And we moved on,
not because we wanted to, but because
we couldn't help them.

Три дні шторму у Нью Йорку випробовували
наш розум,
наше тіло, нашу історію.
Безпорадне відчуття, що ми малі діти,
не полишало мене ні на хвилину,
принаймні ми всі справді чиїсь діти,
навіть Орфей.

Нехай би мій батько тримав мене бодай один раз
за плечі у прикрий вітер,
як у вірші "Сніг" Луїзи Ґлік,
де вона через диво обійм свого батька
уникає важкого поглинаючого Нью Йорк снігу.
Бодай один раз.

Мені подобаються цифри,
подобається іти,
не озирайся, тільки не озирайся,
цим двом ще можна допомогти.

2023

The three days of the storm in New York tested
our minds,
our bodies, our story.
The helpless feeling of being little children
never left me for a minute,
at least we are all really somebody's child,
even Orpheus.

I wish my father would have held me by the shoulders
at least once in the wind,
like in Louise Glück's poem "Snow,"
where she escapes the heavy snow engulfing New York City
through the miracle of her father's arms.
Just once.

I like numbers,
I like to walk,
don't look back, just don't look back,
these two can still be helped.

2023

Моя мама танцює в нашому будинку
в українському селі Гільдендорф,
це стара назва німецької колонії,
мешканці якої зникли за часів Другої Світової,
зараз село має іншу назву,
інших мешканців, іншу війну.

Одного разу ми з німкенею Ірою
ходили провідати старі німецькі поховання,
на цвинтарних плитах 20-го сторіччя
майже неможливо прочитати імена,
тому Іра зірвала повну жменю цвинтарної трави
і почала терти нею старе каміння.
У повітря злітали запашні літери і цифри,
бо трава, якою вона терла каміння,
то була рукола.

Трясця, Іра, це ж рукола! — закричала я у мертву тишу
і тієї ж миті над лиманом вдарив грім.
Іра фотографувала запашні написи,
починалася гроза.
Бабцю Іри було депортовано з України в Казахстан
за часів Радянського Союзу,
можливо вона теж боялася грози,
можливо вона нічого не боялася.

Коли ми побігли цвинтарем до виходу, -
вода вже лилася з неба наче настав потоп,
вона змила написи
які ми оживили на п'ять хвилин,
каміння знов оніміло.
Блискавка в українському степу нас не зловила,
ми бігли від цвинтаря
і Іра крізь потоп кричала:

My mother dances in our house
in the Ukrainian village of Hildendorf,
which is the old name of a German colony
whose inhabitants disappeared during the Second World War.
Now the village has a different name,
different inhabitants, and a different war.

Once, a German woman named Ira and I
went to visit the old German graves.
On the cemetery stones from the 20th century
it was almost impossible to read the names,
so Ira picked up a handful of cemetery grass
and started rubbing it on the old stones.
Fragrant letters and numbers flew into the air,
because the herb she was rubbing on the stones
was arugula.

Damn, Ira, it's arugula! — I screamed into the dead silence
and at the same moment, thunder rolled over the estuary.
Ira was taking pictures of the fragrant inscriptions,
and a thunderstorm began.
Ira's grandmother was deported from Ukraine to Kazakhstan
during the Soviet era,
maybe she was afraid of thunderstorms too,
maybe she was not afraid of anything.

When we ran through the cemetery to the exit,
water was already pouring down from the sky like a flood,
and it washed away the inscriptions
that we had brought to life for five minutes,
and the stones went numb again.
Lightning did not strike us in the Ukrainian steppe,
we were running away from the cemetery
and Ira was screaming through the flood:

Я боюся, дуже боюся грози!

Іра повернулася до Німеччини,
ми обіймалися на прощання
до першої щасливої сльози,
через півроку росіяни вже бомбили Гільдендорф,
з боку лиману, неподалік від цвинтаря,
заходили перші диверсанти,
а моя мама, моя мама щодня вмикає музику
і танцює,
така собі забаганка,
вона теж боїться грози.

2023

I am afraid, I am very afraid of thunderstorms!

Ira returned to Germany,
we hugged each other goodbye
until the first happy tear.
Six months later, the Russians were already bombing Hildendorf,
and the first saboteurs were coming
from the side of the estuary, not far from the cemetery,
and my mother, my mother, she would turn on music
and dance every day,
it's a kind of whim,
she is also afraid of thunderstorms.

2023

Не переставати дивитися
кожного ранку
на набряклі пальці і повіки,
на минуле,
на все хороше,
що в ньому скам'яніло,
на птахів і квіти
і ще на море,
цей набір рандомний,
не пощастить: ні птахів, ні моря.
Все піддається прийняттю,
навіть віруси,
що несуть смертельні зміни,
навіть тиран правитель,
навіть будь-яка дурість і сила
зовнішньої розвідки
внутрішньо переносима
з місця на місце,
там, де не порожньо.
Що ж ми, недолайкані діти,
хочемо від міста і від сонця його,
від Цезаря,
від виродка,
зрадника, наглядача всякого,
свого,
від себе самого,
від годуючої звички вкрасти,
нічого, що страшно,
страх красиве відчуття,
принаймні відчуття,
страшніше, не відчувати нічого.

2021

Don't stop watching
every morning
my swollen fingers and eyelids,
the past,
all the good things
that are fossilized in it,
the birds and the flowers
and the sea,
this set is random.
If you're not lucky: no birds, no sea.
Everything is subject to acceptance,
even viruses
that bring deadly change,
even the tyrant ruler,
even any stupidity and power
of external intelligence
is internally transferable
from place to place,
where it is not empty.
What do we, the unloved children,
want from the city and its sun,
from Caesar,
the bastard,
the traitor, the jailer
of our own,
from ourselves,
from the feeding habit of stealing,
it's okay that it's scary,
fear is a beautiful feeling,
at least a feeling,
it is way worse to feel nothing.

2021

Українські смолоскипи

Як на небі, моя дитина:
смолоскипи і горобина,
курка квокче, прийшла година
нести щастя під горобину.

А в воді глибина і риба,
і, з води глибина не піде,
доки риба з води не вийде,
коли сонце останнє зійде.

На землі тільки бій до бою,
чим же я тебе заспокою, –
тільки рибою і водою,
тільки сонцем над головою.

2015

Ukrainian torches

As in heaven, my child:
torches and rowan trees.
The hen is crowing, the time has come
to carry happiness under the rowan tree.

And in the water there is depth and fish,
and, out of the water, the depths will not go away,
until the fish come out of the water,
until the sun rises for the last time.

On earth there are battles and battles,
how can I comfort you?
With fish and water,
with the sun overhead.

2015

Ніхто себе не навчив означати більше ніж смерть,
дорогою до зими тягнеться український рік
в чорному небі
протиповітряної імли вистачить на всіх
ненавчених і на шматок хліба.

Збирає війна тих кому тисне його земля на груди,
поміж очей
і в горлі,
як перша любов остання.

Поки серце сидить не тихо,
можна згадувати дитинство посеред гри,
і вартість речей
далеких від справжнього автомата
за часів горіхів
які одягалися в прилипливі кольори,
в них
одягнені нині всі кохані люди,
кожна вціліла хата
більше ніж смерть
означати буде.

2022

No one has taught themselves to mean more than death.
The Ukrainian year stretches on the road to winter
in a black sky.
There is enough antiaircraft fog for everyone
and for all the untrained and for a piece of bread.

The war gathers those who are pressed by their land on their chests,
between the eyes
and in the throat,
as the first love is the last.

While the heart is not quiet,
you can remember your childhood in the middle of a game,
and the value of things
far from a real shotgun
in the days of walnut trees
dressed in sticky colors,
all the
people you love are wearing these colors today,
every surviving house
will mean
more than death.

2022

З того берега ніхто їх не бачив, ніхто не чув,
їм не писали, вони не складали речі
обережно: тут олівці прості, тут ще простіші,
а тут спалені сірники,
за всіх,
річка візьме їхній сміх до переправи,
це половина втечі,
найкраща, найвеселіша
до речі.

Щоб не тікати більше, він обирав карту,
і що б там не витягав,
всі хто стояв поряд з ним помирали страшною смертю.

Йому снився човен блакитний,
він у нього сідав
і сміявся,
так домовилися того далекого року,
коли зустрічали дні дивлячись на календар
ще розуміючи значення календаря.

Завжди хотілося знати як то воно на іншому березі все,
які ціни на газ, чи буде wi-fi і воля,
справедливість, ліки від раку,
щеплення від війни,
хто фарбує той човен,
бо відчувався брак фахівців,
дивлячись на дім востаннє
він озирався,
десь були олівці,
і човен в нього врізався
безкоштовно і без паролю.

2023

No one saw them from the other side, no one heard them,
they didn't write to them, they didn't pack things.
Be careful: here are simple pencils, here are even simpler ones,
and here are burnt matches.
For all of them
the river will take their laughter to the crossing.
This is half the escape,
the best, the most fun
by the way.

To avoid running away again, he would pick a card,
and no matter what he drew,
everyone who stood next to him died a terrible death.

He dreamed of a blue boat,
and he would get on it
and laugh,
and that was the agreement that year:
when we greeted the days by looking at the calendar
while still understanding the meaning of the calendar.

I always wanted to know what it was like on the other side,
what gas prices are, whether there will be Wi-Fi and freedom,
justice, a cure for cancer,
vaccinations against war,
who paints that boat,
because there was a lack of specialists,
looking at the house for the last time
he looked around,
and there were pencils somewhere,
and the boat crashed into him
for free and without a password.

2023

Щаслива вода

Він і зараз сидить за моїм столом
під українським прапором
пише роман і хитає головою,
без потреби я не турбую його собою,
не роблю не красивих кроків,
він американець,
йому двадцять сім років.

Вдома, я ходила заміж у його віці.
Келихи на щастя!
Так хотілося того порожнього звуку.
Коли реєстраторка сільської ради промовила:

"А тепер привітайте один одного
як чоловік і дружина"

мій наречений потис мені руку.

«Дуже гарно»

Ми їхали у червоній машині,
я була у червоній короткій сукні,
на червоних підборах
через все село аж до Французького бульвару.
Біля Чорного моря,
між ботанічними садами
мене і мого чоловіка наші мами
перев'язували рушниками.

«Як справи?»

Сьогодні я не витримую і прошу його
допомогти мені з плитою, з водою, зі шрифтом,
він хоче собаку,
я розмовляю з єнотом
який приходить у темряві
до смітнику,

Happy water

He is still sitting at my desk
under the Ukrainian flag
writing a novel and shaking his head,
I don't bother him with this and that,
I'm careful, I don't go bold.
He's an American,
twenty-seven years old.

Back home, I got married at his age.
Crush glasses for good luck!
I wanted that empty sound so bad.
When the village council registrar said:

"Now greet each other
as husband and wife"

my fiancé shook my hand.

"Duzhe harno."[1]

We drove in a red car,
I was in a short red dress,
with red heels,
through the village all the way to the French Boulevard.
Near the Black Sea,
between the botanical gardens,
our mothers
wrapped me and my husband in towels.

"Yak spravy?"[2]

Today I can't stand it anymore and ask him
to help me with the stove, with the water, with the font,
he wants a dog,
I talk to a raccoon
that comes to the trash can.
In the dark,

фотографії мого зруйнованого міста летять
як невидимий камінь
в ім'я
Червоного христа,
весільних келихів і
ЮНЕСКО
Áмен.

Я ставлю на американський стіл горіхи з медом,
росіяни бомблять і бомблять і бомблять мій дім,
а він каже таке

«кохана»

від якого не легшає
тільки він не знає
і голову я схиляю
на його татуйовані у вигляді кажана
поміж грудей,
кажан мене кусає.

«Гаразд» — шосте з десяти його українських слів вночі
і англійською вранці:

"мені боляче але не так як тобі,
я дивлюся на вашу війну на екрані,
вона дуже далеко.

«Лелеко»,

чому ми не даємо вам більше зброї?!"

«Отакої»

Єнот не приходив чотири страшні ночі.

«Я тебе хочу»

photos of my destroyed city fly
like an invisible stone
in the name
of the Red Cross,
wedding glasses and
UNESCO
Amen.

I put nuts and honey on the American table.
The Russians are bombing and bombing and bombing my house,
and he says,

"Kokhana."[3]

it doesn't make me feel better,
only he doesn't know it,
and I lean my head on
the tattooed bat on
his chest,
the bat bites me.

"Harazd."[4] His tenth Ukrainian word that night
and in the morning he goes in English:

"I am hurt, but not like you say,
I am watching your war on the screen,
it's very far away."

"Leleka."[5]

"Why don't we give you more weapons?"

"Otakoyi."[6]

The raccoon did not come for four terrible nights.

"Ya tebe khochu."[7]

Іди до мене, моя американська мрія,
небесні очі,
ось тобі моя шия,

на добраніч, Одеса,

твої діти перебігають усі у світі дороги
і ллють щасливу воду мені під ноги.

2023

Come to me, my American dream,
heavenly eyes,
here is my neck,

good night, Odesa,

your children run across all the world's streets
and pour happy water at my feet.[8]

2023

1 – "Very nice" in Ukrainian.
2 – "How are you?" in Ukrainian.
3 – "My love" in Ukrainian.
4 – "Okay" in Ukrainian.
5 – "A stork" in Ukrainian.
6 – "Wow" in Ukrainian.
7 – "I want you" in Ukrainian.
8 – A wedding tradition in Odesa.

Прекрасна Горгона

Цей серпень зменшиться до розміру зерна,
ми всі по пам'яті війни розбіжимося,
поки на землю падає волосся
в котрому оселилася вона.

Закрити очі зрілі і вологі.
В останній день у літа вирвати люстерко
в якому ми минуле заховали,
ти подивись як ми не скам'яніли,
ховаючи минуле у люстерко,
ти тільки обережно подивись.

Отут, на перехресті сплячих міфотворців,
я перукарці долю Світу довіряю
і ножиці її благословляю,
аби вона розтрощила люстерко.

Що хочу я у неї запитати?
У перукарки з ножицями долі.
Нічого, так, здається все відомо,
і все тепер в руках у перукарки.

2023

The Beautiful Gorgon

This August will shrink to the size of a grain,
we'll all be scattered by the memory of war,
while hair falls to the ground
in which it has settled.

Close your eyes, mature and moist.
On the last day of summer, snatch the mirror
in which we have hidden the past,
and see if we're not petrified,
hiding the past in a mirror.
Just look carefully.

Here, at the crossroads of sleeping mythmakers,
I entrust the fate of the world to a hairdresser
and I bless her scissors,
so that she may break the mirror.

What do I want to ask her?
From the hairdresser with the scissors of fate.
Nothing, yes, everything seems to be known,
and everything is now in the hands of the hairdresser.

2023

А чому наснились троянди
я не знаю,
як сталося так,
що троянди,
не танк, не літак,
а троянди
з землі визирали,
пили воду гуртом дощову
і всі люди троянди зривали,
я не знаю,
не знаю навіщо
ці троянди
у місто це вийшли,
обійшли всі двори і сади,
я не знаю,
не знаю куди

вони берегом може проскочуть,
може міни вони полоскочуть
і на кожній прикраси-прикраси
і вишневі короткі спідниці.

2023

And why did I dream of roses?
I don't know
how it happened
that the roses,
not a tank, not an airplane,
but roses,
were peeking out of the ground,
and drank the rainwater together
and all the people were picking roses.
I don't know,
I don't know why
these roses were
in the city,
and they were in every yard and garden,
I don't know
I don't know where.

They might slip by the beach,
maybe they'll tickle a mine,
and each one has jewelry, jewelry
and cherry short skirts.

2023

І згадувати дорогу можна і треба,
коли дорога лежить позаду тебе,
коли память відбілює її темряву і голоси,
коли на зустрічній смузі ніхто тебе не впізнає
і тобі невідомо де саме ти є,
відомо тільки, що всіх запитають:

Як ви провели це літо?
Куди ви провели це літо?
Це літо провело нас.

Найменше за все пам'ятаю своє старе ім'я,
та навіщо старе воно треба, з іншого боку…
Немає зі мною жодної старої речі вже півтора року:
ані картин, ні келихів, ні прикрас,
ні одягу і кімнати моєї немає
але старе ім'я мене пам'ятає.

Нехай запропонують тільки,
я все зміню,
всіх воскрешу
і всіх згадаю,
крізь звикання до зникнення цілих міст,
обійми мене,
я нічого не пам'ятаю,
звідки така печаль по всій землі,
з іншого боку, — треба згадати дорогу

але зараз, зараз
він пам'ятає тільки її.

2023

And it is possible and necessary to remember the road,
when the road lies behind you,
when memory whitens its darkness and voices,
when no one recognizes you on the other side of the road
and you don't know where you are,
you only know that everyone will be asked:

How did you spend this summer?
Where did you spend this summer?
This summer spent us.

The last thing I remember is my old name,
but on the other hand, why do I need an old name?
I haven't had a single old thing with me for a year and a half:
No paintings, no glasses, no jewelry,
no clothes, and my room is gone,
but the old name remembers me.

If they offer me anything,
I'll change everything,
I will resurrect them all
and I will remember everyone,
through the familiarity of disappearing cities,
hold me in your arms
I don't remember anything,
why is there so much sadness in the world,
on the other hand, I have to remember the road

but now, now,
he remembers only her.

2023

Циганка підхоплює двома пальцями за жабри карпа
і ховає його у безодні спідниці.
Риба яку спіймали за голову
збиває хвостом повітря і яскраву тканину,
продовжує жити у міцних руках нової господарки.
В кориті з якого її дістали плескають хвостами
їй у дорогу інші карпи,
проводжати люблять не тільки люди.

А я купила того разу м'ясо,
у старих базарних рядах,
там де ми торгували з бабусею,
я називала її Буля, бо любила.
За життя вона бачила багато чого: революцію, війну, голод,
мого п'яного дідуся,
чорнозем і базар.

Так от, ми торгували у старих рядах кропом, цибулею,
часником, вишнею і духмяними абрикосами "на відра".
Ті абрикоси були овіяні легендою поміж покупців,
ті вишні були розміром з чиєсь серце.

Базар був мені маленькій, як рідний.
Щоб мати добру торгівлю,
ми з Булею мали прокинутися о п'ятій ранку,
Булі давно немає,
більш за все у житті я й досі люблю світанки.

На базарі мене вперше в житті вкусила оса,
між пальцями правої руки і рука так розпухла,
що стала схожа на ласту.
Я тоді ще подумала,
після того як Буля веліла піти
до смердючого базарного туалету
і попісяти на місце укусу,
щоб не боліло:

The Romani woman picks up a carp by the gills with two fingers
and hides it in the abyss of her skirt.
A fish caught by the head
whips the air and bright fabric with its tail,
and continues to live in the strong hands of its new owner.
In the trough from which it was taken out,
other carp are waving with flapping tails to her.
People aren't the only ones who like to say goodbye.

I bought some meat that day,
in the old market stalls,
where I used to sell veggies with my grandma,
I called her Bulia, because I loved her.
She had seen a lot in her life: revolution, war, famine,
my drunken grandfather,
the black soil and the market.

So, we used to sell dill, onions,
garlic, cherries, and fragrant apricots by the bucketful.
Those apricots were legendary among buyers,
those cherries were the size of someone's heart.

I was small and the market felt like home.
To earn good money,
Bulia and I had to wake up at five in the morning.
Bulia is long gone.
I still love sunrises more than anything else in my life.

At the market, I was stung by a wasp for the first time in my life,
between the fingers of my right hand and it swelled up so much
it looked like a flipper.
And then I thought,
after Bulia told me to go
to the stinking market toilet
and pee on the place where I was bitten,
so it wouldn't hurt:

"а добре б було мати собі ласти"

Боліти не перестало.

Боже, Боже!
Ми вторгували у день першого осиного укусу
цілу селену грошей!
І Буля купила мені кренделя у цукрі,
який було страшно їсти,
такий він був красивий.

До речі, спідниця циганки,
що тримала двома пальцями величезного вкраденого карпа,
який у хвилястій наче море тканині
гуляв нам всім на прощання хвостом,
спідниця заворожувала.
І я, доросла, зупинилася посеред базару і стовпичила.
Люди поспішали по кріп, цибулю, часник,
вишню і чужі абрикоси,
обходили мене десятою базарною дорогою.
Шкода, що продавчиня карпів не бачила як
циганка створює своє побутове мистецтво,
як карп літає у її спідниці біля дупи.

От вам одна з моїх історій,
про рибну вечерю ромській родині.
Буля перед смертю хотіла поплисти у морі.
Той базар існує в Одесі і нині.

2023

"It would be nice to have fins."

The pain did not stop.

Oh, God, oh, God!
That first day of the wasp bite
we earned a whole lot of money!
And Bulia bought me a sugar pretzel,
which was scary to eat,
it was so beautiful.

By the way, the Romani's skirt,
in which she was hiding a huge stolen carp with two fingers,
which, in its wavy sealike fabric
was flapping its tail at us all as it was saying goodbye,
That skirt was mesmerizing.
And I, an adult, stopped in the middle of the market and stood there.
People were in a hurry to buy dill, onions, garlic,
cherries and other people's apricots.
They were passing me.
I wish the carp seller had seen how
the Romani woman creates her everyday art,
how the carp is flying in her skirt around her ass.

Here is one of my stories,
about a fish dinner for a Romani family.
Bulia wanted to swim in the sea before she died.
That market still exists in Odesa today.

2023

Запрошення

Він долетить і приземлиться на дах,
цей гучний вертоліт,
не боятися цього звуку я вчилася півроку,
та сильніші за мене люди кажуть,
що у важкі часи не можна говорити про свої страхи.

Колись в українське небо повернуться літаки невоєнні,
а поки, я бачу як ти біжиш щоб сфотографувати
рятувальний вертоліт Аллеґені.

Коли приїздиш до цих річок, до цих пагорбів,
до цих нескінченних Піттсбургських дощів,
вітер облизує тебе металевим прутом
і посипає металевим пилом
і запрошує до музею сталеварів
і дає квиток до самої червоної печі
і каже як буде гаряче
і каже як буде боляче
і як тебе засліпить
і як ти нічого не встигнеш
і як тебе розплавить наприкінці

і як ти життя відчуєш
коли воно сяде поряд
коли воно заговорить
з квитком у твоїй руці.

Боже, як ти біжиш,
щоб зробити той знімок,
наче ти і є порятунок.

Не можна, не можна більше кохати.

Вертоліт шпиталю Аллеґені сідає на рятувальну хату
і я дістаю телефон щоб тебе сфотографувати.

2023

Invitation

It will fly and land on the roof,
that loud helicopter.
It took me six months to learn not to be afraid of that sound,
but people stronger than me say
that in difficult times you shouldn't talk about your fears.

One day, nonmilitary aircraft will return to the Ukrainian sky,
but for now, I see you running to take a picture
of the Allegheny rescue helicopter.

When you come to these rivers, to these hills,
these endless Pittsburgh rains,
the wind licks you with a metal bar
and sprinkles you with metal dust
and invites you to the steelworkers' museum
and gives you a ticket to the red-hot furnace
and tells you how hot it's gonna be
and tells you how much it will hurt
and how you'll be blinded
and how you won't be able to do anything
and how you'll be melted in the end

and how you'll feel life
when it sits down next to you
when it speaks
with a ticket in your hand.

God, you run
to get that shot
as if you were the salvation.

You can't, you can't love anymore.

The helicopter from Allegheny Hospital lands on the rescue house
and I take out my phone to take a picture of you.

2023

63

Люди стають гострими кутами до всього.
Час війни — це час весілля,
розлучення і безсилля,
час сили, зневіри, дива і час переходу,
стояти заборонено,
говорити дозволено те, що не заборонено,
що ти скажеш про себе,
не кажи про себе,
стій гострими кутами до всього.
Я так хочу вдягти те старе пальто:
сине, червоне, зелене, різне воно було,
було красиве,
гострі кути не пролазять у жодне.

Час війни — це годинник розміром з небо,
замість стрілок ракети,
то котра тепер година?

Час війни.

Про любов, про любов розкажіть мені.

2023

People become sharp angles to everything.
The time of war is a time of weddings,
divorces and powerlessness,
a time of strength, despair, miracles, and transition,
it is forbidden to stand,
it is allowed to say what is not forbidden,
what you say about yourself,
don't say about yourself,
stand at sharp angles to everything.
I want to wear that old coat so badly:
blue, red, green, different colors,
it was beautiful,
but the sharp corners don't fit into any of them.

Wartime is a clock the size of the sky,
with missiles instead of hands,
so what time is it?

It's wartime.

Tell me about love, tell me about love.

2023

І тому це був день
де зустрілися безліч імен і мов
серед яких немає головних чи слабких,
говорити тихенько, потайки володіти тобою.

Той, хто обирає наші шляхи
на зустріч до нас не прийшов,
але ми всі прийшли,
і я помахала йому рукою.

2023

And so it was a day
where many names and languages met
among which there are no main or weak ones,
to speak softly, to possess you secretly.

The one who chooses our ways
did not come to meet us,
but we all did,
and I waved to him.

2023

Що я робила тоді у Віфлеємі?
Йшла по вулиці, їла незвичну їжу,
слухала легенди про богів
та здебільшого про страхи людей.

На в'їзді до міста нам дали чіткі вказівки:
не дивитися в очі солдатам
і не фотографувати контрольно-пропускний пункт.

Я не дивилася і не фотографувала.
Ті три години у місті я чомусь добре запам'ятала,
я бачила Зірку у храмі який за часів моєї тезки побудували,
добре б було порозмовляти з царицею зараз.
Жодної фотографії з Віфлеєму у мене немає.

До Єрусалиму з Єгипту довелося їхати цілу ніч
по серпантину гір і спостерігала за водієм,
щоб той не скинув уві сні
автобус з українцями у прірву.
В автобусі не спала тільки я,
приємно знати, що від тебе залежить щось важливе.

У дорозі ми зустріли Мертве море,
воно було катострофічне схоже
на мій лиман під Одесою,
про існування якого не знає переважне людство,
але де хто з Ізраїля бачив мій лиман.
Він солоний мов ціла армія складала
сльози у землю
і одного дня земля перестала їх забирати.

What was I doing in Bethlehem then?
Walking down the street, eating unusual food,
listening to legends about gods
and mostly about people's fears.

At the entrance to the city, we were given clear instructions:
not to look the soldiers in the eye
and not to take pictures at the checkpoint.

I did not look and did not take pictures.
For some reason, I remember those three hours in the city well,
I saw the Star in the church that was built in the time of my namesake,
it would be nice to talk to the queen now.
I don't have any photos from Bethlehem.

To get to Jerusalem from Egypt, I had to travel all night
through the serpentine mountains, and I watched the driver
to make sure that he didn't throw the bus with Ukrainians
into the abyss in his sleep.
I was the only one on the bus who didn't sleep.
It's nice to know that something important depends on you.

On the way, we saw the Dead Sea,
and it was catastrophically similar
to my estuary near Odesa,
which most of the world doesn't know exists,
but some people in Israel have seen my estuary.
It was salty, like an army of soldiers poured their
tears into the ground
and one day the earth stopped taking them.

Він навчив мене плавати,
навчив мене плакати,
навчив виходити з води сухою і солоною,
терти свіжим огірком об тіло
і потім кусати хрусткого солоного огірка.
Сестри мої, батьки мої, брате мій, зірки мої,
робили так само.

Що я робила тоді в Єрусалимі?
Йшла по вулиці, їла незвичну їжу,
слухала легенди про богів
та здебільшого про страхи людей.
Чи бачила я зірку, чи царицю впізнала?
Так, бачила обох і сфотографувала.

2023

It taught me to swim,
it taught me to cry,
taught me to emerge from the water dry and salty,
to rub a fresh cucumber on my body
and then to bite that crispy salted cucumber.
My sisters, my parents, my brother, my stars,
did the same thing.

What was I doing in Jerusalem then?
Walking down the street, eating unusual food,
listening to legends about gods
and mostly about people's fears.
Did I see the Star or recognize the queen?
Yes, I saw them both and took a picture.

2023

Потік

Глянь, вони повертаються, о, поглянь, ці нерішучі
Рухи й хода повільна,
Кволий темп, непевність
Коливань!

Е. Паунд

На всіх кордонах
у всіх притулках
в кожному куточку світу
їх голоси немов гнилі квіти
їдять повітря,
переміщуються з чистотою ваших думок,
з чистотою міжнародних конгресів,
з білизною демократії,
з прозорістю російських виборів,
з дзеркальними президентами,
з кришталевими канцлерами,
з реактивними союзниками,
з бездоганним хоралом Північного потоку-2.

Їх голоси.
Їх навіть не поїси,
коли полювання скінчиться.

А полювання скінчиться?

Стрибне у потяг лисиця,
поїде квітка нечиста,
з любов'ю до машиниста.

2023

Flow

See, they return; ah, see the tentative
Movements, and the slow feet,
The trouble in the pace and the uncertain
Wavering!

E. Pound

On all borders
in all the shelters
in every corner of the world
their voices are like rotten flowers
eating the air,
traveling with the purity of your thoughts,
with the purity of international congresses,
with the whiteness of democracy,
with the transparency of Russian elections,
with mirror presidents,
with crystal chancellors,
with jet-powered allies,
with the flawless chorale of Nord Stream 2.

Their votes.
You can't even eat them,
when the hunt is over.

And will the hunt be over?

A fox will jump on the train,
a dirty flower will be on the train,
with love for the driver.

2023

Енеїда

Перший звук мови
відчуває спостерігання кожного
хто дивиться на дім з якого вона виходить назавжди,
на людину яка її несе,
на розташування кімнат мовного розуму.
Кричати у цьому звуку перед загрозою,
мовчати у цьому звуку перед загрозою —
однаково.

Подорож мови найдорожча
з відомих мені,
поет дістає тіло надії, покриває його печаллю,
дивіться якщо живі,
співайте, якщо у вас тіл вистачає.

Другий звук мови
з корінням і болить безкінечно.
Хто ти, моя хороша, насправді, хто?
Чому так важко тебе дістати,
про що я можу тебе запитати,
допоки нас всіх не розколе.
Не залишай сьогодні
жодного на одинці спати.
Що я таке кажу?!
Не залишай ніколи.

Третій звук мови простий:
кохаєш — пробач,
вбий або відпусти,
майбутнє заходить сонцем поміж грудей,
врятуй не себе
врятуй людей
нічого ти вже не чуєш
нікого ти не врятуєш.

2023

The Aeneid

The first sound of speech
is felt by the watchful eyes of all
who look at the house from which it leaves forever,
at the man who carries it,
at the arrangement of the rooms of the linguistic mind.
To scream in this sound in the face of threat,
to be silent in this sound in the face of threat,
is the same.

The journey of language is the most expensive
that I know.
The poet takes out the body of hope, covers it with sorrow,
look if you are alive,
sing if you have enough bodies.

The second sound of language
is rooted and hurts endlessly.
Who are you, my dear, really, who are you?
Why is it so hard to reach you?
What can I ask you
until we're all torn apart?
Don't leave anyone
to sleep alone tonight.
What am I talking about?
Never leave anyone alone.

The third sound of language is simple:
love, forgive,
kill or let go,
the future is setting in the sun between your breasts,
save not yourself
save people
you can't hear anything anymore
you can't save anyone.

2023

Не день сьогоднішній виправдає мене та відповість навіщо я є,
Але ви, кров нова, природня, атлетична, континентальна, величніша ніж
*   ми знаємо.*
Озвіться! ви повинні мене виправдати.

Волт Вітмен

За рогом, на іншому боці світу,
там, де нічого нового не починалося зовсім,
а навпаки, все було там дуже старе, знайоме і навіть
незмінне,
як паротяг дитячий що їде по колу,
на тому боці можна людей зустріти,
тільки заради того щоб не впізнати нікого.

День за днем, який для мене настає,
повітря попереджає,
що ніч майбутнього за його кров густіша.
Пригорнути таку черноту зможе хіба що поет словами,
які вже казали інші.

Війна знов молода, роздіта,
ми штовхаємо її паротяг по колу,
обіймаємо її на кожному боці світу
з такою пристрастю як ніколи.

2023

Not to-day is to justify me and answer what I am for,
But you, a new brood, native, athletic, continental, greater than
*   before known,*
Arouse! for you must justify me.

Walt Whitman

Around the corner, on the other side of the world,
where nothing new was beginning at all,
but on the contrary, everything was very old, familiar, and even
unchanged,
like a child's train going around in circles,
you can meet people on the other side,
only to not recognize anyone.

Day after day, which are coming to me,
the air warns me
that the night of the future is thicker than its blood.
Only a poet can embrace such blackness with words,
that others have already said.

The war is young again, undressed,
we are pushing its locomotive in a circle,
embracing it on every side of the world
with more passion than ever.

2023

Лежить тілом на серці,
воно трясеться,
дихає мов печалі кінця не буде,
кликає завтра в якому живі люди,
люди живі, просити нема за кого.

З дому виходять втома, страх і минуле,
думає: нехай собі погуляють,
поки осколок гірчить у роті
і дивно, що не стріляють добу
або більше ніколи.

Всі тут колись курили,
біля церкви, кафешки, школи,
біля лікарні, біля світанку,
біля тієї складеної стіни,
ще до війни, до танків,
до вбитого росіянами моря.

Лежить, а казали встане
і піде наріже м'яти
яка не допомагає,
а запах такий красивий
із пам'яті визирає,
а там всі живі,
ну, правда,
просити нема за кого.

2023, День Незалежности США

78

It lies with its body on the heart,
and it shakes,
breathing as if there's no end to sorrow,
calling for a tomorrow in which people are alive,
people are alive, there is no one to ask for.

Fatigue, fear, and the past come out of the house,
think: let them go for a walk,
while the shrapnel is bitter in your mouth
and it's a wonder they don't shoot for a day
or never again.

Everyone here used to smoke,
near the church, the café, the school,
by the hospital, at dawn,
by that stacked wall,
before the war, before the tanks,
before the sea, killed by the Russians.

He was lying there, and they said he would get up
and go cut some mint
which doesn't help,
but the smell is so beautiful
and it brings back memories,
and everyone was alive,
but really,
there is no one to ask for.

2023 US Independence Day

Якщо ми і були тут раніше
ця вода жила добре
до того як вкрали наших дітей,
вбили чоловіків і жінок.
Вода жила добре.

Міста зустрічали диявола.
Диявол з нами.
Він нікого не залишає напризволяще.
Тварини плакали і зникали,
тварини все розуміли краще.

Будеш любити ще?
Питає і ховається.

Добре що може.
Добре що має де.

Зникати маємо всі,
та якби запитали: чи є серед нас ті
хто переможе себе
не відчуваючи більше землі
і простих речей?
Вона б сказала:
Як не знайдеш собі закуток,
смерть буде до тебе летіти
через всю цю жовту блакить,
диво як це красиво -
без смерті жити.

У небі і у воді
істот війні вистачає

кохаєш? в останнє питає,
а вона чомусь кохає
і посміхається до диявола,
до води,
до своїх дітей,
до повної світла хати,

If we've been here before
this water used to be okay
before they stole our children,
killed men and women.
The water used to be okay.

The cities welcomed the devil.
The devil is with us.
He leaves no one to fend for himself.
The animals cried and disappeared,
the animals knew better.

Will you love me again?
He asks and hides.

It's good that he can.
It is good that he has a place.

We all have to disappear,
but if they asked: "Are there those among us
who will overcome themselves
without feeling the earth anymore
and simple things?"
She would say:
"If you don't find a nook and cranny,
death will be coming to you
through all that yellow blue,
it's a miracle how beautiful it is
to live without death."

In the sky and in the water
there are enough creatures for war.

Do you love me? he asks her for the last time,
and for some reason she does
and smiles at the devil,
at the water,
at her children,
at the house full of light,

до собаки, яку втопили,
до всіх кого з нею убили
російські солдати.

2023

at the dog that was drowned,
at all those who were killed with it
by Russian soldiers.

2023

У кімнаті може закінчитися світло,
на вулиці сонце,
у місті місто,
в людині людина.

А коли палають пагорби кам'яні
і воскресають річки вбиті на війні,
то вітер каже, що світло не має кінця,
а місто почнеться
і сонце повернеться.

2023

The room may run out of light,
the sun is out,
a city in a city,
a human in a human.

And when the hills of stone burn
and the rivers that were killed in the war rise again,
the wind says that the light has no end,
and the city will begin
and the sun will return.

2023

І це можна було передбачити,
як і багато чого, що ми так і не передбачили.
Не тому що сліпі і дурні,
а тому, що бачення вимагає дії,
а дію може підняти не кожен,
дія важка наче танк,
наче останні в житті хвилини
і схожа на пишний одеський кавун в руках у дитини.

Он, покотився один з гори у дворі,
його ми з братом візьмемо,
поріжемо навпіл і столовими ложками
будемо їсти як кашу,
кавун буде текти по підборіддю, по шиї
і спуститься до трусів високо сидячих
під футболкою на пузі.
Резинка трусів міцно стискатиме наші ребра,
ребра вироблені у радянському союзі.

Ми розріжемо ще кавун і ще, і ще,
і від того гора кавунів у нашому дворі не збідніє.
Тримай ложку, брате,
хіба нам степ кавунів пожаліє?

Трохи посварять мами і бабця,
за те, що жодного не доїли,
та наче досі тече по тілу,
безкінечно тече по тілу
і наші ребра нас не бояться,
але ми виростимо із тобою,
бо ми ж так тих кавунів хотіли.

2023

And this was foreseeable,
as well as many things that we did not foresee.
Not because we are blind and stupid,
but because vision requires action,
and not everyone can take action,
action is as heavy as a tank,
like the last minutes of life
and like a lush Odesa watermelon in the hands of a child.

Here, one will roll down the hill in the yard,
my brother and I will take it,
cut it in half and eat it with tablespoons
and eat it like porridge,
and the watermelon will run down our chins, down our necks.
and down to my underpants, sitting high
on my belly under my T-shirt.
The elastic of the underpants will squeeze our ribs tightly,
ribs made in the Soviet Union.

We will cut another watermelon and another one, and another one,
and the mountain of watermelons in our yard will not be depleted.
Hold the spoon, brother,
the steppe will surely spare us more watermelons.

My mom and grandma will quarrel a bit,
for not finishing any of those,
but it still drips down my body,
it drips down our bodies
and our ribs are not afraid of us,
but we will grow up,
because we wanted those watermelons so badly.

2023

Не їсти з леза, ніколи не їсти з леза,
щоб не бути злою.
Їжа має бути поживною,
рухи корисними,
хребет болітиме завжди,
а все, до чого нас готували, виявиться не тим,
до чого нас готували.

По пам'яті мандрую до свого будинку,
в якому війна зупинила всі годинники
але не зупинила телевізори,
телевізори непереможні.
І відра на дворі стоять порожні
і я, як відра стою порожня.

Зазвичай сусіди приходять різати останній виноград
та цієї осені він дістається родині з Донецька.

"Дуже хороші люди" — каже мама.
"Чоловік і дружина" — каже мама.
"В них більше немає будинку там" — каже мама.
"Живуть тепер в Одесі, привезли мені макарони" –
каже мама.
"В нас скоро зима" — каже ма.

Моя їжа солодка,
мої рухи непомітні,
моє лезо напоготові,
я згадую наш виноград і добре уявляю
всі вбивчі правила, що з нами ще стануться,
я прошу мені зробити чарівний укол від болю
і хребет мене обманює від початку і до кінця.

2023

Never eat from a blade, never eat from a blade,
otherwise you'll become evil.
Food should be nutritious,
and movements should be healthy,
the spine will always hurt,
and everything we've been trained for won't turn out
to be what we prepared for.

From memory, I travel to my home,
where the war stopped all the clocks
but not the TV sets,
TV sets are invincible.
And the buckets in the yard are empty
and I, like the buckets, stand empty.

Usually the neighbors come to cut the last of the grapes
but this fall they go to a family from Donetsk.

"Very good people," says my mother.
"A husband and wife," says my mother.
"They don't have a house there anymore," says mom.
"They live in Odesa now, they brought me pasta,"
says mom.
"Winter is coming soon," says mom.

My food is sweet,
my movements are unnoticeable,
my blade at the ready.
I think of our grapes and I'm well aware of
all the murderous rules that will happen to us,
and I ask for the magic shot for the pain in my spine
and my spine deceives me from start to finish.

2023

Носити хустку яка розмовляє я навчилася здавна,
підказок не мала ніяких,
бо хустку в Одесі вважали за несмак,
а тих хто у хустці –
чужинцями і селюками.
То ж мені не тільки страшенно личило,
а більше кортіло її носити,
бо такий характер,
таке коріння,
бо я і є з села,
бо можливо, — це все, що я за життя змогла:
це носити хустку.

А справа то майже прадавня,
чи то досі моя хустка має голос?

Хто ви такі?
Питала хустка кожного разу,
як на мене дивилися очима повними сепарації.
Я ніколи не чекала на поліпшення ситуації,
ніколи не чекала і не дочекалася,
але хустку носити не перестала.

2023

I learned to wear a talking headscarf long ago,
I had no clue,
because a headscarf was considered bad taste in Odesa,
and those who wore headscarves
were considered foreigners and peasants.
So not only did it suit me terribly well,
but I wanted to wear it even more,
because of my character,
my roots,
because I am from the countryside,
because maybe that's all I could do in my life:
wear a headscarf.

And this is almost an ancient thing,
does my headscarf still have a voice?

Who are you?
The headscarf asked every time
I was looked at with eyes full of separation.
I never waited for the situation to improve,
I never waited and I never got it,
but I never stopped wearing the headscarf.

2023

Загублені

Цієї ночі ми бачили чотири оленя у великому місті,
засліплююча краса загублених нас заповнила.
Ми завмерли і одночасно сказали:

"Ідіть додому, будь ласка, ідіть додому".

Ми повторювали всі звичайні помилки,
лякали один одного і шукали порятунок
у кожній живій істоті,
у кожній безглуздій надії,
торкаючись наший страхів,
розуміючи, що правда, яку ми кажемо один одному -
це найважкіший шлях
і ми наважилися йти саме ним.

Чотири оленя з мого імені вистрибують
у небезпечне середовище людей,
чотири оленя з мого імені у великому місті,
за хвилину до зустрічі з ними
ми падаємо з головою навмисно у гору мертвого листя.
Подальша доля цих створінь нікому з нас невідома,
зима настає для загублених по дорозі до їхнього дому.

2023

Lost

That night we saw four deer in the big city,
the dazzling beauty of the lost filled us.
We froze and said at the same time:

"Go home, please go home."

We repeated all the usual mistakes,
scaring each other and looking for salvation
in every living thing,
in every foolish hope,
touching our fears,
realizing that the truth we tell each other
is the most difficult path
and we dared to walk it.

Four deer jump out of my name
into the dangerous environment of people,
four deer from my name in a big city,
and a minute before we meet them
we fall headlong into a mountain of dead leaves.
The fate of these creatures is unknown to any of us,
winter comes for those lost on the way to their home.

2023

Хто з нас залишиться
повинен розмовляти

про ворога про себе і про себе і про нас
обличчям до землі
до мертвих
куди поділися вони
і ті кого вони лякають насмерть коли счезають

у кого вистачає нині голови
і рук
щоб здійснювати рух
казати правду
знову неможливо
стояти до страху любов'ю
засуджувати кожного і всіх
хто схожий не на тебе
о, ми ще вдаримо
один по одному
ще вдаримо

використовувати розум за призначенням
поки пливе кача
хто серед них

Безслів'я вимагає силу тих
хто як поет сміється-плаче
і розповідає
той хто не зник

зникає

2023

Who among us will remain
must speak

about the enemy and about themselves and about us
face to the ground
to the dead
where they've gone
and those they scare to death when they go

who has a head now
and arms
to move
to tell the truth
it is impossible again
to face fear with love
to condemn anyone and everyone
who's not like you
oh, we're gonna hit
at each other
again

use your mind for what it's worth
while the duckling is swimming
who's among them

silence requires the strength of those
who laugh and cry like a poet
and tell
who has not disappeared

disappears

2023